Rosmarie Rautenberg

VERLETZLICHE HOFFNUNG

Gedicht-Gedanken

Impressum:

© 2019 Rosmarie Rautenberg
https://www.atelier-roraz.de

Umschlaggestaltung und Illustrationen:
Rosmarie Rautenberg

Lektorat und Korrektorat:
Gottfried Rautenberg

Verlag & Druck: tredition GmbH
Halenreie 40-44, 22359 Hamburg
www.tredition.de

ISBN: 978-3-7482-7721-7

Bibliografische Information der Deutschen Nationalbibliothek: Die Deutsche Nationalbibliothek verzeichnet diese Publikation in der Deutschen Nationalbibliografie; detaillierte bibliografische Daten sind im Internet über http://dnb.d-nb.de abrufbar.

Für ihn
und alle anderen,
die ich liebe …

… und für die vielen,
die in Sorge sind
um unsere Welt und ihre
Lebewesen …

In seinem Buch „Wege zum
Gleichgewicht" fasst Al Gore
eines der drängendsten Probleme
unserer Tage kurz und drastisch
zusammen, indem er sagt, dass
die Erde selbst auf dem Spiel stehe
und dass die Entscheidung für
oder gegen ihren Erhalt bei uns
liege und wir die Verantwortung
für unsere Handlungen
übernehmen müssten.[1]

vgl. Al Gore

(in: Wege zum Gleichgewicht)

Verletzliche Hoffnung

Auch der Philosoph Hans Jonas betont, dass der Bereich wirklicher Verantwortung über die Menschenwelt hinausgehe und so weit reiche, wie es gefährdete und verletzliche Natur gebe.[2] – Sind wir bereit, in so umfassender Weise Verantwortung zu übernehmen für uns, für die Nachgeborenen, für den Erhalt der Erde? Längst haben unsere Gleichgültigkeit, Überheblichkeit, Habgier und Ignoranz so viele Lebensräume zerstört, dass erschreckend viele Lebewesen Schaden erleiden oder sogar in Gefahr geraten, ganz von der Erde zu verschwinden.

Dass immer mehr Menschen sich wehren gegen ein System der Ausbeutung von Mensch und Umwelt, dass sie ihre Stimme erheben gegen mangelndes Unrechtsbewusstsein und sowohl von der Politik als auch von den Einzelnen ein Umdenken und gegensteuerndes Handeln einfordern, macht Mut und lässt die verletzliche Hoffnung auf den Erhalt einer lebenswerten Zukunft erstarken.

Die nachfolgenden Gedichte führen die Bedrohung vor Augen. Sie sind genährt gleichzeitig vom Staunen über die uns umgebende so wunderbare Welt und aber auch von der Sorge, dass es für die Rettung bald zu spät sein könnte. Setzen wir alles daran, das Leben, die Erde zu erhalten!

In diesem Sinne herzlichst

Rosmarie Rautenberg

7

FRÜHLING

Erwachender Neubeginn

Einsetzende Schneeschmelze,
Glitzertropfen,
sprühend im Sonnenlicht,
Kosewinde, die dein Sein berühren –
Frühling.

Erwachender Neubeginn
aus den Urkräften des Daseins,
gespeist von Quellen
jenseits menschlicher Gedankenwelt,
fühlbar
in den Momenten des Ausatmens.

Eingebunden
in die Sphären
nicht verstehbarer Unendlichkeit,
verloren und aufgehoben zugleich
im Unzugänglichen,
lebst du ausgestreckt
zwischen vergehendem Hier
und den Traumflügen
deiner innersten Geheimnisse,
schwebst am Saum der Zeitflucht,
tanzend hingegeben
an die Urkräfte des Daseins ...

Nicht-Schaffbares

Moospolster und Flechtenbärte
im nässetriefenden Frühlingswald,
unschuldsgrüne Tannentriebe,
unbändiger Farnwuchs,
Stille der Vorzeit.

Am Waldsaum
das Blöken der Lämmer.

Unberührt
von den Unbilden
menschlicher Daseinswelten,
Weitergabe des Lebens,
fraglos.

Eingebettet
zwischen den Bergrücken
uralten Daseins,
keimt Nicht-Schaffbares
geheimnisvoll und unbemerkt

am Rand der Zeit ...

Verletzliche Hoffnung

Geheimnisumhüllt
steht das Leben
im Dämmer der Tage,
dem Lichte sich öffnend
in der Stille
des Daseins.

Der Winter des Werdens
nährt leise
die Kräfte des Neubeginns
und schützt
die verletzliche Hoffnung
auf Frühjahrsblühen
und achtsames Sein –

trotz aller Gefährdung
im Hagel der Zeit …

Leuchtendes Schimmerweiß

Aufgebrochen sind die Winteräcker
am Waldsaum,
umgepflügt nach eiliger Schneeschmelze,
bereitet für Aussaat und Wachstum.

Die stillen Wasser des Waldsees
spiegeln hell
das leuchtende Schimmerweiß
hochragender Birken im Röhricht.

Anmutig schaukeln
die federnden Zweige
im Atemhauch
erwachender Frühlingsbrise,
zart wiegend
ihre noch schlummernden Kätzchen.

Sie erwarten
das bald keimende Grün
länger werdender Tage
und träumen
unter dem hohen Blau
der Unendlichkeit
vom Mit-Sein
im ewigen Werden …

Sehnsuchtsvögel

Nun fliegen sie wieder,
all die flatternden Sehnsuchtsvögel
unterkühlter Zeit,
den wärmenden Sonnenstrahlen
erträumten Glücks
entgegen,
hinaufgetragen
von den Hoffnungsschwingen
heißer Erwartungen.

Angestachelt von Frühlingsbildern
zärtlicher Verliebtheit,
werfen sie sich hinein
in die nächsten Versuche,
wohl wissend,
dass Zweisamkeit
kein sicheres Gut
und Zuneigung
nicht machbar ist.

Doch die Angst
vor dem Alleinsein
ist ein Sklaventreiber,
der keine Gnade kennt
in den Nächten elender Einsamkeit,
wenn die erwachte Schöpfung
trieft von Fruchtbarkeit.

Nach den angespannten Winterzeiten
haben die Seelen Hunger nach Leben
und dem Ausbruch
aus den tausend Rollen
des Alltags –

Sehnsuchtsvögel –

flatternd,
erträumtem Glück entgegen …

Vielleicht helfen uns
auch die Gedanken von
Albert Camus aus seinem Buch
„Ziel eines Lebens" die
Relativität von vielem, dem
wir eine so hohe Bedeutung
beimessen zu erkennen.
Er sagt, dass an der Zukunft
gemessen Rangordnungen,
Titel und Ehren wieder zu dem
würden, was sie wirklich seien,
nämlich Dunst, der verwehe.[3]

vgl. Albert Camus

(in: Ziel eines Lebens)

Erstorbene Blüte

Unbemerkt
hat sich der Himmel verdüstert
über dem blühenden Apfelbaum.
Schwarz türmen
die Wolken sich auf,
und Schneeschwere
drückt auf geöffnetes Land.

Die nördlichen Kaltwinde
sind zurückgekehrt.
Harsch und bedrohlich
umtoben sie
den zarten Blütenflaum,
lassen braun
die Schönheit ersterben,
die das Frühlingserwachen
gebar.

Im regennassen Gras
sammeln sich
die verlorenen Träume,
achtlos hingestreut
von zerstörender Unbill,
und der Weg,
der vorbeiführt,
ist arm an Hoffnung
auf Fruchtbarkeit.

Du kennst sie,
die Straße der Dürftigkeit,
und weißt,
wieviel Kraft sie dir fordert.

Müde geworden
im Kampf um das Licht
weinst du heimlich
im eisigen Kaltwind,
und die Trauer
lässt dich leise ersterben
mit der Blüte des Apfelbaums …

Ego-Fürsten

Die Äcker der Zeit
werden durchfurcht
von den Pflugscharen
der Zerstörung,
während das Kriegsgeschrei
der Ego-Fürsten
weltweit
die Wehrlosen traktiert.

Die Totengräber der Freude
lauern selbst
in den seltenen Tälern
der Zufriedenen,
die in großer Gefahr sind
vor den Planierraupen
der Gierigen.

Tief krallen sich
die scharfen Zähne
vermeintlicher Lust
in das,
was ihnen nicht zusteht,
und zerstören
bedenkenlos
die letzten Inseln
des Heils.

Das scheppernde Hohnlachen
der Machthungrigen
lässt verstummen
das leise Klagen jener,
deren Leben
erbärmlich verglüht
unter den Pflugscharen
der Zerstörung
und erstirbt
im Kriegsgeschrei
der Ego-Fürsten …

Aufgebläht

Fett und träge
und dennoch auf dem Sprung,
sitzen sie aufgebläht
und lauernd in ihren Netzen.

Alles bewachend,
kontrollieren sie mit Argusaugen
selbst leiseste Regungen des Lebens
in ihrem Feld.

Angefüllt mit Unzufriedenheit
bis an den Rand ihrer undankbaren Seele,
versprühen sie ihr tückisches Gift.

Süß flöten sie mit lockenden Tönen,
doch inhaltsleer sind ihre Worte geworden
auf ihrer Jagd nach immer mehr.

Ein Panzer wuchs,
der ihre Herzen erstickt
und das leise Schluchzen erwürgt,
das heimlich versucht sich Wege zu bahnen
aus der Tiefe des Elends.

Zu leiden haben sie alle,
die ihnen nahekommen,
denn immer zerstörerischer
wird ihre grenzüberschreitende Gier.

Ohne Augen für die Welt der Wunder,
blähen sie jede Bagatelle auf
zum monströsen Desaster,
und ihr Machthunger wird unersättlich.

Wo schlummern
die Schmetterlingsträume der Leichtigkeit,
die einst ihre Ziele beflügelten?
Wann erlosch der Freudentaumel
über der Buntheit des Lebens?

Die Wehmut ist groß,
wenn ihr innerer Zweifel sich rührt,
wenn die Ketten der Starrheit sie quälen
und kein Ausbruch gelingt
aus dem Kerker
der selbst gesponnenen Klebrigkeit.

Doch vielleicht eines Tags,
in der Stunde des Heils,
begrüßen sie den Sturm,
der die Netze zerreißt,
und empfangen ihn als Freund,
der sie fordert zum Tanz,
sie erlöst aus der Starre der Gier …

SOMMER

Leuchtend die Rose

Leuchtend die Rose
am blühenden Hag,
Glut in der Höhe der Zeit,
duftige Fülle, sattestes Grün,
verschwimmend
vor lichthellem Blau.

Zartheit des Himmels,
bauschig Gewölk,
kraftvolle Sanftheit
im Sommerwind.

Glück dieser Stunde,
so dicht und so nah,
Fülle des Seins,
das sich leis offenbart.

Ein Schweben, ein Gleiten,
ein Tanzen im Wind,
Weichheit, die wohltut und stärkt.

Klänge von Weite, von Tiefe, von Licht,
Sehnsucht, die tröstet und heilt,
anrührt dein Ahnen von Sein …

Stille des Unfassbaren

Heuduft
in lauer Nacht,
Sternschnuppen
aus Unendlichkeiten,
die uns fremd sind.

Jauchzender
Hand-in-Hand-Tanz
auf dem Stoppelfeld
eingebrachter Ernte
und ein Lachen,
das klingt
wie alle Glocken der Erfüllung
in der blau schimmernden Stille
des Unfassbaren.

Aufgehoben
in Sphären des Geheimnisvollen,
geben wir uns hin
dem Spiel der Glieder,
geöffnet die Sinne
dem Werben
des Lebens selbst …

Farbigkeit der Welt

Der Sommer
hat seine Farbpalette aufgestellt,
hingepinselt
mit flüchtigem
und dennoch sorgfältigem Strich
all die Bunttöne
von zartestem Lila
über üppig feuriges Rot
bis zum
erwärmenden Gelb
der himmelwärts
strebenden Sonnenblumen.

Gepaart
ist die erdgeborene Fülle
mit den lichten Sphären
eines weit gespannten
Unendlichkeitsblaus
und mit dem
leisen Flüsterwehen
einer Sommerbrise,
die das Leben streichelt.

Hingegeben
an die Glut hoher Tage,
erlebst du dein Sein
als Geschenk.

Eingewoben
in die Farbigkeit der Welt,
fühlst du dich
als tanzender Ball
inmitten
von kosendem Laubgeflüster –

Teil eines Daseins,
das dein Denken übersteigt
und dein Träumen und Sehnen
hinaufträgt
in die lichten Sphären
des weiten Unendlichkeitsblaus ...

Mittägliche Stille

Sanft gewellte Hügel
unter weit gespanntem Sommerblau,
Grün,
das den Augen wohltut
und beruhigt
die überreizten Sinne
der Gehetzten.

Zartfiedriges Weißgewölk,
von leichter Fächelbrise geführt,
und Wärme,
die alle Glieder berührt.

In der mittäglichen Stille
geheimnisvollen Reifens
atmen die Wesen
den Duft der Fülle,
geben sich hin
dem wiederkehrenden Rhythmus
fruchtbarer Einswerdung.

Windräder
am Horizont,
verschlafen sich drehend
im Zenit der Zeit,
zeugen
von der Nähe der Menschen,

deren Finger
sich krallen
in die letzten Winkel
des Seins,
in die spärlichen Reste
verbliebenen Heils,
in die Stille des Werdens …

Tanzende Luftkugeln

Das Singen
der hellen Sommertage
im Sonnenwind der Freude
durchglüht
deine Sinne
und lässt dich fliegen
wie die bunten
tanzenden Luftkugeln der Kinder
im Jahrmarktstreiben.

Deine Glieder
schweben leicht
über erblühten Wiesen,
und die flirrenden Sonnenkringel
im flüsternden Laub
der üppig ergrünten
Baumfreunde
teilen ihr Lachen mit dir.

Schwerelos
weben deine Gedanken
ein liebevolles,
spinnwebzartes
Zuneigungsbrückengedicht
hinüber
zu all dem Lebendigen,
das du liebst.

Verzaubert
vom jauchzenden Glück
hingebungsvollen Mitseins
schaukelst du
traumverloren und staunend
in der Hängematte
süßer Erfüllung,
gewiegt
vom pulsierenden Weltenatem,
im Sonnenwind der Freude ...

Sommertrunken

Sommertrunken
von Wärme,
Farbe, Licht,
hast du die Hand ausgestreckt
nach dem ersten welken Blatt,
das der Wind
dir entgegenweht.

Auf dem Zenit
des Zeitenwechsels
fühlst du
die Fülle
der Fruchtbarkeit,
erahnst
die kommende Wehmut
der Abende
mit schwindendem Licht
und weißt nicht,
welcher Seite
du zugehörst.

Nachspürend dem,
was entschwindet,
träumst du
dennoch
von der Rückkehr
der Blüte,

deren Abglanz
verschwimmt
in den schimmernden Wellen
dahineilender Fluten,
deren Zauber verweht
in den Stürmen
der Zeit …

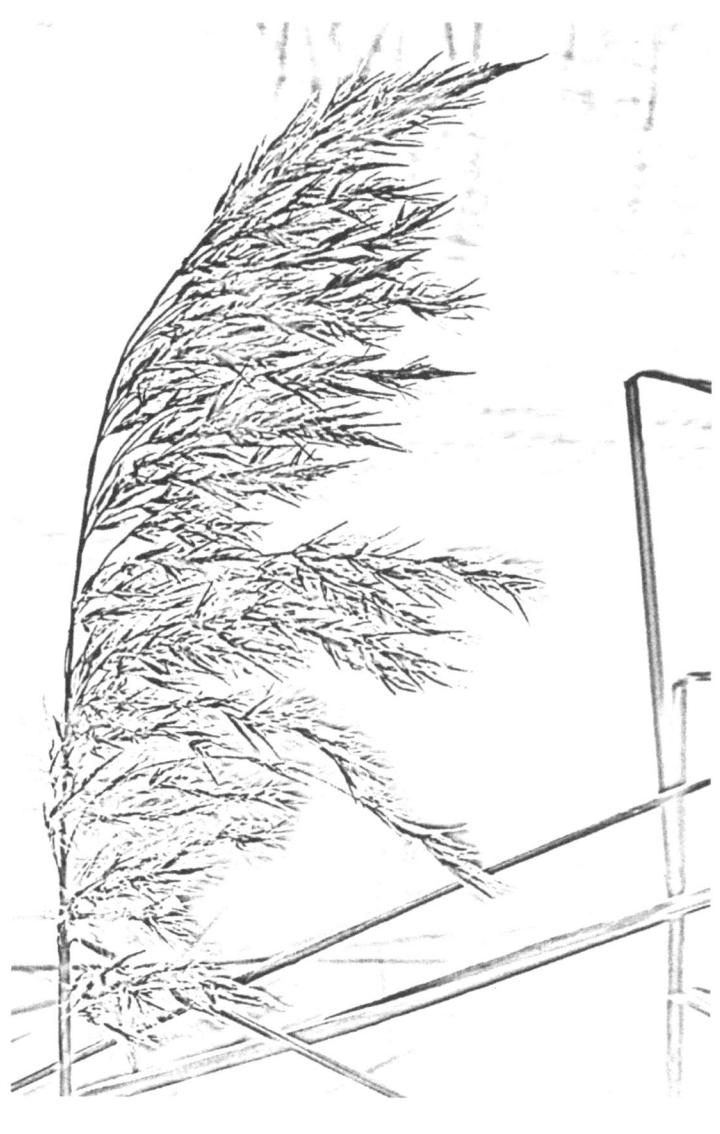

Stéphane Hessel
wandte sich in seinem
hohen Alter mit dringlichen
Worten an alle Generationen
mit der klaren Aufforderung
sich zu empören.
Er befürchtete, dass letztlich
sogar dem „Abenteuer Mensch"
auf einem für uns
unbewohnbar werdenden Planeten
ein Ende gesetzt werden
könnte.[4]

vgl. Stéphane Hessel

(in: Empört Euch!)

Nachtvogel

Drohend
zieht der Nachtvogel seine Kreise
über der strampelnden Welt.

Dunkel legen sich
die Schatten
seiner schweren Schwingen
auf die scheinbaren
Selbstverständlichkeiten
der unbewusst Ackernden.

Ihre Reichtümer hortend,
achten sie nicht
auf den Verwesungsatem
der Zerstörung,
der mit seinem erstickenden Sog
das Leben umschnürt.

Fern sind die Tage,
als Träume noch
um das Wunder des Daseins kreisten
und Alltagsvollzug
nicht ständigen Tod gebar.

Irgendwo, in unzugänglicher Tiefe,
sammeln sie sich,
die ungeweinten Tränen der Sehnsucht,
zu Stein erstarrt

wie erkaltende Lava
unter sich verdunkelndem Firmament.

Laute Geschäfte geben den Takt vor,
auch dann, wenn die Unruhigen
ihren unumgänglichen Schlaf suchen.

Das Fieberhafte pulsiert,
fremd und verstörend,
inmitten sich dennoch
zart aus anderer Tiefe
entfaltender Blühwelt.

Wie lange noch
werden sie gedeihen,
die Boten von Heil und Verheißung,
deren geheimnisvoller Rhythmus
so unermesslich unendlich schien
in den Äonen
vor dem menschlichen Zeitmaß?

Verletzlich ist Hoffnung geworden
in einer Welt der Nützlichkeiten,
und verzweckt konstruiertes Second-Life
wird zur Maßgabe der Strampelnden –

während der Nachtvogel seine Kreise zieht,
drohend und drohender ...

Tropfende Wehmut

Wehmut tropft
von den Ästen der Sehnsucht,
die hoffnungsvoll
in den Himmel ragen
wie zu Zeiten des Heils.

Jedoch
Gift kreist im Adergeflecht
des Zeitenwechsels,
und das Dunkel der Nacht
hat alle seine Geheimnisse
verloren.

Verstummt
sind der Käuzchen- und Eulenschrei,
und das Rascheln im Laub,
wenn der Igel
nach Leckerem sucht,
ist Vergangenheit.

Schleichend sich dehnende Ödnis
strickt heimlich
das Grabtuch des Grauens,
sät Trauer
in die Seelen der Hoffenden,
weckt Zorn
in den Herzen, die fühlen.

Lebendige Bergwelt
wird flach,
und die taufeuchten Auen
im Tal
sind vertrocknet.

Die Stürme der Jetzt-Zeit
sind eisig und heiß.
Sie peitschen
die Äste der Sehnsucht,
die hoffnungsvoll
in den Himmel ragen –

wie damals,
zu Zeiten des Heils …

Blitzlichtgewitter

Schwarz
türmen sich
die Wolkengebirge
über den leise
plätschernden Wellen
des eingesperrten Sees.
Elfenbeinweiße Schaumkronen
tänzeln unruhig
auf der angespannten Oberfläche,
und ein kaum wahrnehmbarer
Windhauch
kräuselt
den graugrünen Wasserspiegel.

Fast lautlose Stille herrscht
über Wald und Wiese,
als habe das Leben
sich geduckt
vor drohender Gefahr.

Schwer lastet
die Schwüle vergangener Tage
über den regendurstigen Feldern,
drückt auch
die Gemüter der Menschen,
die fahriger als sonst
ihren lauten Geschäften nachgehen.

Da,
ein erstes fahles Leuchten
über den dunklen Bergrücken,
begleitet
von unheimlichem Grummeln
aus der Ferne.

Mit plötzlicher Wucht
peitscht ein Windstoß
über den See,
dass die Wellen
in scheinbarem Durcheinander
und mit lautem Getöse
übereinander stürzen
in wilder Hast.

Alles gerät
in Bewegung
unter dem einsetzenden Sturm.
Baumkronen schwanken
ruckartig
um ihre eigene Mitte,
zartes Laub
und junge Äste
werden ihnen grob entrissen
und landen taumelnd
auf dem nun tobenden Wasser.

Grelle Blitze
fahren zuckend
aus der Schwärze herab,
verlöschen zischend
irgendwo
im Ungewissen,
und ein entfesseltes Orchester
gewaltiger Paukenschläge
zelebriert
seinen Auftritt.

Die aufgewühlten Wellen
versprühen
ihre Gischt
und vermischen
ihre Tropfen
mit jenen,
die nun sturzbachartig
von oben kommen.

Mit aufprallender Wucht
landen
die Wassermassen
auf der verdorrten Erde,
die sich dem ersehnten Segen
so schnell
nicht öffnen kann.

In jeder Furche
stehen schnell
lehmig braune Lachen,
deren Rinnsale
sich Wege suchen
hinab zum See.

Die Himmelsschwärze
wird grau,
dehnt sich aus
wie ein endloser Vorhang
über den verschwimmenden Horizont.

Das Blitzlichtgewitter
des heimlichen Regisseurs
ebbt ab,
die wilden Böen verstummen,
der Regen
wird zum gleichmäßigen,
beruhigenden Rauschen.

Die Nacht
wird nass werden
und Kühle bringen,
und das Leben wird weitergehen
in seiner gewohnten Bahn –

unreflektiert wie immer …

Fortgewandert

Der Apfelbaum
vor deiner Tür,
er hat sich wegbegeben
über Nacht.

Sein Traum ist nicht
die laute Menschenwelt,
in der sein Blütenduft verpufft
und Schmetterlingsbesuche selten sind.

Die Äpfel platzten
unbemerkt und überreif
im Straßenstaub,
gleich seiner Vision
von heilem Sein.

Er wandert fort
und sucht sich Heimat
im Lebendigen,
das hinter fernen Horizonten
blüht und webt,
wo leis Gemeinschaft wächst
im steten Gebens-Tausch
von Reifen und Vergehn …

Abenteuer des Unterwegsseins

Ein stiller Morgen.

Leise bläht die sommerliche Brise
deine Gardine,
neckisches Geflüster
vom Abenteuer des Unterwegsseins.

Eine Elster
im Baum vor dem Haus.
Ihr kurzes Keckern,
was weiß es von Freude, von Angst?

Wegflug um des Fliegens willen?
Unterwegs zu Zielen,
die das Leben sichern,
in Welten, die der Mensch gefährdet?

Fremdes Geheimnis
vor der Tür unseres Daseins,
unzugänglich schlummernd
in den Tiefen des Andern.

Aufgehoben in der gleichen Unermesslichkeit,
ziehen alle Wesen ihre Bahn,
lebend nach eigenen Mustern,
mal laut, mal leise,
bis an die Grenzen der Zeit –

Abenteuer des Unterwegsseins …

HERBST

Der Sommer zog davon

Der Sommer zog davon
mit leisem Wolkenflug
den Schwalben hinterher,
die ihrem innern Meister folgend
warme Heimat suchen.

Schnell wechseln Laub und Gras
von Grün zu Gelb,
und Hagebuttenrot
wird unversehens braun –
von Zauberhand
verwandelt über Nacht.

Das Licht wird blasser,
Tage werden kurz,
und in der Weichheit
früher Morgennebel
träumt die Welt.

Vielleicht von Frieden,
Stille, Harmonie,
die in den harten
Misstonsalltagsklängen fehlen,
vielleicht von Freundschaft,
Achtsamkeit, Vertrauen,
die in den lauten Tempostraßen
untergehn.

Vielleicht auch nur
von einem Morgengruß,
wenn alles dicht gedrängt
zur Arbeit hetzt,
oder von einem
schnell gehauchten
„oh, Entschuldigung"
beim Rempeln in der Eile,
im Gewühl.

Mag sein,
dass Träume nie Erfüllung finden,
mag sein,
dass Sehnsucht
nie ihr Ziel erreicht.

Doch wenn die Hoffnung stirbt,
so stirbt die Welt
und zieht davon –

mit leisem Wolkenflug
den Schwalben hinterher,
die ihrem innern Meister folgend
warme Heimat suchen ...

Dahindämmernde Brachfelder

Tief ducken sich
die wabernden Nebelschwaden
auf die herbstlichen Brachfelder,
die dahindämmern,
neuer Fruchtbarkeit entgegen.

Die Feuchtigkeit
der staubfeinen Nieseltröpfchen
durchtränkt
die schweren Schollen
dunklen Erdreichs
und lässt fast schwarz erscheinen
das ruhende Land.

Still geworden
das tschilpende Vogelvolk
auf blattkahlem Astwerk
und rarer das zeternde Gekecker
der Eichelhäher
im schweigenden Wald.

Die seltenen Rufe der Möwen
über dem bleigrauen See
sprechen gleichermaßen
von lebenserfüllender Freiheit
und der nie erlöschenden Sehnsucht
nach Heimat.

Die Spaziergänge der Unverzagten
erreichen Horizonte der Ruhe,
in welchen die Weite
von Himmel und Erde
im Unendlichen
zu verschwimmen scheint.

Die Alltagsmaßstäbe
von Groß und Klein,
sie bleiben zurück
hinter den Schritten
in jene geheimnisvolle Ferne,
wo der Atem des Wesentlichen
leise
den Saum des Lebendigen berührt …

Still geworden

Die ziehenden,
wabernden Nebelschwaden
haben sich eingenistet
im Tal.

Feuchtfingrig
tasten sie sich
durch marodes Mauerwerk
hinein
in die Stuben der Menschen,
welche frösteln
in der wachsenden
Klammheit.

Perlenschnüren gleich
sitzen die feinen Nebeltröpfchen
aufgereiht
auf den Spinnwebfäden
der eifrigen Werkerinnen,
machen sichtbar
die filigranen Kunstwerke
emsiger Arbeit.

Still geworden ist es
auf den Dorfstraßen des Südens,
das Sommertreiben
ist eingestellt,

die Buntheit weggesperrt
in Kisten und Kästen
und in Gefilde
jenseits der Kaltzeit.

Die Melancholie
der kurzen Tage
erscheint am Horizont
und umhüllt
die Gedanken
mit ihrem Trauerflor.

Mit jedem fallenden Blatt
erlischt ein Stück Leuchtkraft,
verschwindet die Fülle
im Erdreich der Zeit
und berührt deine Seele
mit dem Geheimnis
der Entwerdung.

Still geworden
ist es auf den Dorfstraßen
des Südens,
und leiser wird auch dein Staunen
vor dem Wechsel der Gezeiten,
vor dem Auf und Ab
des Daseins ...

Herbstwind

Der Herbstwind
hat deine Wangen gerötet,
deinen Geist durchgepustet
und deine Gedanken
zum Tanzen gebracht.

Nun fliegen sie
mit den bunten Kinderdrachen
über den abgeernteten Feldern
fröhlich
um die Wette.

Hoch hinauf
zu den weißen Kuschelwolken
lassen sie sich mitnehmen
vom Aufwind
der Freude.

Hell jauchzend
hüpfen sie
mit den launigen Böen
im goldenen Licht
der Oktobersonne,
bis sie, trunken vor Glück,
auf den leuchtenden Strahlen
erdenwärts taumeln,
zurück, zu den Wurzeln des Lebens.

Aufgenommen
von der geöffneten Erde
der Brachfelder,
säen sie sich aus
in Worten,

die berühren möchten,
die aufblühen lassen
den Trauernden
in seiner Einsamkeit,
die ihn Hoffnung spendend
neu mit Lebenskraft
durchwehen –

wie der Wangen rötende
Herbstwind der Spättage ...

Boten der Zeitenwende

Unversehens
hat der Herbst
seine Hand
auf die abgeernteten Felder gelegt,
versucht Stille zu säen
zwischen die lärmigen Moloche
menschengemachter Welt.

Das schräge Warmlicht
früher Abendsonne
verzaubert
die Leere der Äcker,
lässt leuchten
das flammende Rot der Hagebutte
am sich entblätternden Strauch –

frühe Boten
der baldigen Zeitenwende.

Eiliger Wolkenflug
über vergilbenden Auen,
glänzendes Spätgras
im schwindenden Licht,
ein Hauch von Wehmut,
die wohltut
nach der Fülle
der hohen Sommertage.

Das Leben hält inne
vor dem Entschwinden
in das verborgene Weben
der Winterwelt,
wiegt sich leise
im stillen Weltenatem,
zwischen den lärmigen Molochen
menschengemachter Welt …

Ob der Mensch nicht gar
einen der folgenschwersten
Fehlwege der Evolution darstelle,
wagten Margarete und
Alexander Mitscherlich zu
fragen. In ihrem Buch
„Die Unfähigkeit zu trauern"
äußerten sie die Befürchtung,
dass durch ihn das Prinzip
des Lebendigen selbst
seiner Aufhebung entgegen-
streben könnte.[5]

vgl. Alexander und Margarete
Mitscherlich

(in: Die Unfähigkeit zu trauern)

Spättage

In der Einsamkeit
verlassener Felder
stehen die Schafe reglos im Frost.
Gebeugt über den Raureif,
atmen ihre wollenen Köpfe
dampfende Nebelwolken –
geduldig und still.

Die Spättage des Jahres
weben ihr spärliches Licht
in das kahle Geäst
hochragender Baumkronen
und necken
den dunklen Spiegel des Teiches
mit tanzenden Glitzerfunken.

Ihr Spiel ist kurz
in mittäglicher Stunde.
Kaum schmelzen
im knappen Wärmehauch
die Eiskristalle
am schwankenden Halm.

Ruhig geworden
sind die abgeernteten Äcker
vor den Kulissen
der lärmigen Stadt,

wo die Köpfe der Getriebenen
gebeugt sind
über dem Raureif
humanistischer Spättage
und der Atem gefriert
in den Kältewolken
menschlicher Einsamkeit ...

Sehnsuchtsruf

Der Schrei der Wildgans
im leise wabernden Herbstnebel
hat dich aufgeweckt.

Ihr Sehnsuchtsruf
berührt Tiefen in dir,
in welchen sich
Glück und Schmerz vereinen,
und die Wehmut
über deine verkrüppelten Flügel
dich auf die Berge
deiner Visionen
klettern lässt.

Weit schweift dein Blick
über die Täler
verbauter Möglichkeiten,
hakt sich fest
an den Wolken,
die in Windfreiheit ziehen,
und lässt deine Gedanken
spazieren
in der Unendlichkeit
jenseits
der Gefängnismauern
kleinlichen Alltags.

Unterwegs
in den Zwischenwelten
schimmernder Weder-Nochs,
greifst du
nach dem Ahnbaren,
das dir zunehmend
Verheißung wird,
wenn der Schrei der Wildgans
den leise wabernden Nebel
durchdringt …

Herbstliche Nebelsuppe

Der Abend ist schon fortgeschritten,
und die ersten Lichter
hängen trübe
in der herbstlichen Nebelsuppe
über den Straßen der Stadt.

In der Kneipe
kleben die Bierdeckel
feucht auf schmuddeligen Tischen,
Spur eines Überdrusses,
der auch auf den Gesichtern liegt.

Mühsam
suchen sich die Gedanken
der Festsitzenden
Wege aus der Umnebelung
hinein in Worte,
die das Gegenüber
nicht wirklich erreichen.

Die Versammlung
von Ver-Einzelten
wird nicht zum Miteinander,
auch wenn der Pegel
der Lautstärke
den Anschein
von Austausch erweckt.

Mit der Zahl leerer Gläser
wächst die Enthemmung –
doch Nähe bleibt Fremdwort
im Lärm des Aneinander-Vorbei.

Schwer wiegen
die sich türmenden
Wackersteine der Enttäuschung,
gestapelt
im drückenden
Rucksack des Lebens. –

So schreitet der Abend fort,
und auch die letzten Lichter
erhellen nicht
die herbstliche Nebelsuppe
über den Straßen der Stadt –

und in den Köpfen der Verlorenen …

Bewölkter Himmel

Der Himmel hat sich bewölkt,
seine Bläue verhängt,
und die Raben kreisen tief.

Niedergelassen
als großer Schwarm
auf dem abgeernteten Feld,
lassen sie sich nicht stören
vom einsetzenden Regen.

Sanft fällt er und leise,
verursacht kaum ein Rascheln
im vergilbenden Laub
am Fuße der Baumriesen.

Erhabenheit
strahlen sie aus,
die kahlen Häupter,
deren Schönheit ungetrübt ist,
auch in ihrer Nacktheit.

Fast alterslos,
sind sie uns an Lebensweisheit
weit voraus,
während ihr Geheimnis
vor dem,
der hastig vorbeischaut
oder ihnen ihr Leben raubt.

Eingetaucht
in goldenes Spätlicht,
das unversehens die Wolken durchbricht,
stehen sie da,
würdevoll und unverrückbar,
Mit-Wesen
am blassen Rand
unseres Ich-Bewusstseins,
das so wenig Raum lässt
für das Geheimnis des Seins ...

WINTER

Verblassende Jetzt-Zeit

Anmutige Baumsilhouette
in zartblauem Winterlicht,
Rabenflug.

Der rauschende Flügelschlag
über den Inseln
verblassender Jetzt-Zeit
weckt Träume
von Heilsein,
schürt Hoffnung auf Heimat.

Im Strauchelschritt
auf Wegen ins Ungewisse,
bleibt dennoch
vielen Verlorenen
nur das Nachtlager
der Trauer –

unter dem Flügelrauschen der Raben
auf dem Flug
zu ihrem vertrauten Schlafbaum …

Verweht

Lautlos
fällt das Laub
von den Bäumen
der Zeit.

Verweht
in die langen Furchen
des Vergessens,
spendet es
dennoch neues Leben
all den unbekannten Wesen
unter den Bäumen
der Zeit ...

Eingeschneit

Weit gewelltes Land,
eingeschneit.

Baumriesen am Rande des Weihers,
schwarz stehendes Astwerk
im Gegenlicht
schwindender Wintersonne.

Stille —
und Spuren,
halb verweht
von der frostigen Brise,
die nächtens
das Ackerland umstreicht.

Die einsetzende Dämmerung
wirkt fahl,
taucht ein die Gedanken
in Wehmut,
verwandelt das Schneeweiß
unmerklich und leise
in Nachtblau.

Das fallende Dunkel
schmeckt nach Einsamkeit
am Feldrain der Zeit,
öffnet Weiten des Verlorenseins
vor den verblassenden Horizonten.

Schwer ist es,
Wurzeln zu spüren
in diesem Grenzland
des Lebendigen,
den Blick zu erheben
zu den Sinn stiftenden Zielen
des Daseins,
zu ahnen
die pulsierende Nabelschnur
des Seins,
welche alle und alles verbindet.

Ungeübt darin
in der Stille zu sein,
stolpert der Geist
beim Innehalten.

Seine Angstgedanken
drohen zu zerstören
den Frieden
am Feldrain der Zeit
und dich hineinzustürzen
in die Weiten des Verlorenseins
in der frostigen Brise,
die nächtens
das verlassene Ackerland umstreicht ...

Gedankenleer

Gedankenleer
vor der erhaben schweigenden,
verschneiten Bergkulisse
der Urwelt,
träumst du
von Sonnenwegen
jenseits der Zeit.

Die Sehnsuchtsflügel
sind weit ausgestreckt,
lassen dich gleiten
auf den Windbahnen
stiller Höhen.

Verblasst
sind die Trubelszenen
scheinbar gefüllter
Stunden des Alltags,
deren Leere dich erschreckt,
wenn du innehältst.

Schritt vor Schritt setzend
in der Unberührtheit
blendender Weißkraft,
spürst du
den Hauch ewigen Daseins
am Rande des Vergänglichen,

ahnst du
ein Leuchten,
das dich trägt
durch die Dunkelheit der Täler,
dich begleitet
auf den verworrenen Pfaden
kläglichen Alleinseins ...

Unberührtes Glitzergleißen

Unberührtes Glitzergleißen,
verlorener Vogelschrei am Waldsaum,
Bergwelt.

Pfade
zwischen Abgrund und Steilhang,
schwindelerregendes Sich-Vortasten
auf schmalem Grat.

Zögerndes Sich-Einlassen
auf neue Perspektiven
des Sich-Trauens,
ertragen
die Zumutungen fremder Welt,
loslassen
das alltäglich Bekannte.

Mitnehmen
die Kraft
zum Neubeginn,
bewahren
die Freude am Erproben
und die Lust zu leben
an den Wegkreuzungen des Daseins –

ohne Bedauern
über vermeintlich Entschwundenes.

Mutig unterwegs sein
als balancierender Sucher
in unberührtem Glitzergleißen,
auf den Pfaden
zwischen Steilhang und Abgrund ...

Hoffnung auf Frieden

Glitzerndes Schneefeld
vor dem schweigenden Wald.

Stille,
die heilt
die Verletzungen des Alltags,
und ein leuchtendes Himmelsblau,
das beflügelt
und stärkt
die heiligen Visionen
von Einheit.

Im wärmenden Sonnenlicht
sind deine Tränen getrocknet,
Schlieren hinterlassend
auf den klebrigen Wangen
und Hoffnung weckend
auf eine Oase
des Friedens.

Die lehmverkrusteten Stiefel
aus dem Kleiderlager,
zu klein
für die vielen Schritte
der Mühsal,
und doch Zeichen eines Aufbruchs,
wer weiß wohin.

Sie sprechen von dem,
was in deinen Augen steht
und was dampft
aus der klammen Kleidung,
die an deinem Körper klebt.

Unaussprechliches
liegt in den Tieftälern
deiner Vergangenheit,
barmherzig verhüllt
von der erweckten Hoffnung
auf Frieden …

Selbst Goethe, welcher
so lange vor der Zeit unserer
heutigen Probleme lebte,
lässt seinen Faust sagen:
„Geheimnisvoll am lichten Tag
lässt sich Natur
des Schleiers nicht berauben.
Und was sie deinem Geist
nicht offenbaren mag,
das zwingst du ihr nicht ab
mit Hebeln und mit Schrauben."[6]

Johann Wolfgang
von Goethe

(in: Faust. Der Tragödie erster Teil)

Geraubte Seele

Wir haben
die Leihgaben des Lebens
zu Besitztümern degradiert,
dem Dasein
die Seele geraubt,
das Geheimnis zertreten.

Achtlos trampelnd,
rauschen wir
durch die Zeit,
Spuren der Zerstörung hinterlassend,
die wehtun
den Nachgeborenen.

Das Gedächtnis
ist kurz geworden,
zerstoben sind
die belanglosen Inhalte
unter den Winden
der täglich wechselnden
Beliebigkeiten,
und Gestern und Morgen
verschwimmen
im Nebel
unreflektierter Begierden,
im Strudelsog
künstlich erzeugter Wichtigkeiten.

Worte
haben ihre Bedeutung verloren,
als Hülsen
werden sie hin und her getrieben
in einer Welt
der Leere,
die überquillt
vom Müll
dahergefaselter Fake-News.

Die Notvorräte
selbst der nächsten Generationen
sind längst verbraucht.

Doch wir leben weiter
auf Pump,
achtlos zertrampelnd
die Leihgaben des Seins,
trudelnd
im Strudelsog
künstlich erzeugter Wichtigkeiten …

Schatten der Zerstörung

Fern schwebt der Sternenhimmel
über den Häusern der Stadt.
Unvernommen verklingt seine Botschaft
jenseits des Lichtermülls
unserer Tage,
und sein wegweisender Glanz verblasst.

Dunstglocken giftigen Nebels
wabern über den Brutstätten des Unglücks,
quittiert mit einem Schulterzucken
der Gierigen.

Die Schatten der Zerstörung
nehmen überhand.
Mit langen Fingern greifen sie hinein
in die Jetzt-Zeit.

Sie verdüstern die Sonnentage des Heute,
legen verheddertе Angstgespinste
über den Alltag,
gespeist aus dem Unbewältigten
durchhetzter Tage.

Albträume in beklemmender Deutlichkeit
durchgeistern den Schlaf,
sodass du aufwachst
mit dem Gefühl zentnerschwerer Last.

Die klebrigen Spinnwebfäden
verkonsumierter Gegenwart
verzwirnen das Leben,
machen zu Mumien
Gedanken und Gefühle,
die einst heilig waren.

Tentakel des Unverdauten,
giftige Destillate der Nicht-Nachhaltigkeit,
sie schüren den Dauerstress,
verhindern den Blick
hinter die Kulissen der Lügen.

Abschiedstage sind angebrochen
in diesen Zeiten des Niedergangs.

Langsam verbrennt die Sonne ihre Kinder
mit sengender Glut,
während eine Kälte um sich greift,
die Leben zum Marktgut degradiert,
versklavt, missbraucht, vernichtet –

unerreichbar für die Botschaft
des Sternengeflüsters
aus dem fern schwebenden Himmel
über den Häusern der Stadt …

Flüchtig gelebtes Dasein

Das Dunkel
hat sich leise gesenkt
auf die Fluren
am Rande der Häuserwelt.

Sein samtener Mantel
umhüllt schützend die Erdkrume,
gibt Raum
für das wispernde Flüstern des Nachtwinds.

Flirrend stehen
die glitzernden Leuchtboten
ferner Welten
über den Köpfen der Staunenden,
lassen Träume erwachen
und Sehnsüchte aufblühen
von der Erfüllung
alles Menschen-Möglichen.

Doch die Trubelorte
der Erdenwanderer
trotzen den Stunden des Ausatmens.

Ihre grelle Lichterflut
erstickt das leise Zwinkern der Sterne,
und die Stille ertrinkt
im pausenlos röhrenden Unterwegsgeknatter
der Ruhelosen.

Dauerbeschäftigt
mit den Plänen des Mach(t)baren,
rauben wir den Visionen die Flügel
und kriechen keuchend hinterher
den Postulaten des Vordergründigen.

Eingebunden in eine Welt
rastlos stampfender Taktgeber,
jenseits der ewigen Schaukel
von Tag und Nacht
und der Fülle wechselnder Jahreszeiten,
gleiten uns
die Einheitstage davon,
entschwinden im gleichförmigen Zwischenlicht
des gleichzeitig
Aufdringlichen und Verschwommenen,
werden zugedeckt
von einer stets wachsenden Schicht

flüchtig wahrgenommener Ereignisse,
flüchtig durchschrittener Zeit,
flüchtig gelebten Daseins ...

Erfrorene Bäume

Die Bäume sind erfroren
in den eisigen Winden der Beliebigkeit.

Ihrer Wurzeln
des Geachtetseins beraubt,
hatten sie gekämpft ums Überleben,
lange,
vergeblich.

Dünn sind die Wälder geworden
und still,
zu Nutzholzlagern verkommen
für die Unersättlichen.

Verstummt ist ihr Flüstern
in lauer Nacht,
erloschen
das leuchtende Spiel
des launigen Sonnengekringels
im frischen Laub.

Einöde breitet sich aus
zwischen sterbenden Stämmen,
denen das Leben abhandenkam
in den eisigen Winden
der Beliebigkeit –

beängstigend ...

Frühes Morgenrot

Jenseits der Kälte
dieser dunklen Tage
atmet Schweigen
in ewiger Zeit,

und die Weisheit des Lebens
ahnt leise
erneutes Erwachen
und wartet
auf frühes Morgenrot …

Gang durch das Licht der Zeit

Ein leiser Hauch von Grün
entkeimt dem Grund,
und zartes Wehen
umgibt den Tag.
Weich ist das Leuchten
des Himmels,
verschwimmend Gewölke
im Licht.
Sich dehnen und regen,
behutsam sich auftun,
empfangend erwachen
zu lebendigem Sein ...

Kraftvoll erblüht
steht das Leben,
voll sind die Tage mit Licht,
und warm atmet
nächtliche Erde.
Lebendiges Singen
durchwieget
die Helle der Nacht,
und erfüllt sind
die Wesen der Zeit
vom Fließen des Seins ...

92

Reich lastet Reife
auf Halm und Baum,
und schwer neigt sich nieder
die Frucht dieser Zeit.
Golddunkel durchwärmt
von sinkendem Licht,
sucht leise sich Ruhstatt,
was satt sich gelebt,
und neigt sich der Nacht.
Das sachte Verglimmen
des Abendscheins lässt ahnen
den Atem des Seins …

Voll klingt die Stille
der dunkelsten Nächte,
und groß ist das Leuchten
der Sterne im klirrenden Frost.
Ein blaugrüner Schimmer
scheint auf in der Ferne,
lässt ahnen
den nahenden Tag,
und es schweiget
das Leben im Sein …

Verletzlichkeit des Daseins

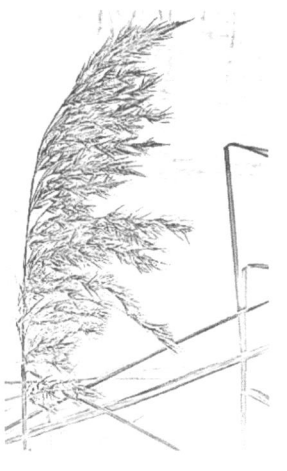

Wenn
ferne Sommertage
nur erinnernd grüßen
und wehmutsvoll
der Sterne Nachtglanz
schwindet,

wenn
frühe Abendnebel
sich auf
Feld und Wiesen legen
und Dämmerstunden
düster
sich in Nacht verwandeln,

wenn
Kälte um sich greift
und Leben hindert
und du,
im Frost erstarrt,
dich auf dich selbst
besinnst,

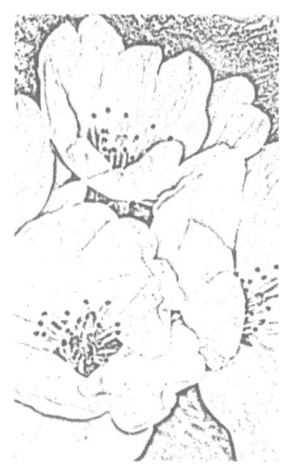

dann weißt du
um das Licht
vergangner Tage
und fühlst die Kräfte,
die das Leben birgt.
Du spürst
Verletzlichkeit des Daseins
und dennoch ahnst du:
Hoffnung keimt im Sein ...

Die letzte späte Rose

Die letzte späte Rose
blüht am Hag.
Der Frost hat sachte
ihren Saum gestreift,
sodass ihr Lebensglück
auf leisen Sohlen
Abschied nimmt.

Der Winter naht.

Die Trauer ist gewachsen
mit den Jahren,
reicht nun auf Brüstungshöhe
der Vergänglichkeit
und blickt hinaus
auf dieses Leben,
das Geheimnis bleibt
und dessen Abschied
täglich sich vollzieht.

Doch lichtes Eisesschimmern
wird die Nacht erfüllen
und mit ihm
leuchtet die Gewissheit auf,
dass neues Blühen wächst
in stiller Zeit …

Inhalt

99

Zitatnachweise:

1 Vgl. Gore, Al: Wege zum Gleichgewicht. Ein Marshallplan für die Erde, S. Fischer Verlag GmbH, Frankfurt a.M. 1994, S. 375.

2 Vgl. Wetz, Franz Josef: Hans Jonas zur Einführung, Junius Verlag GmbH, Hamburg 1994, S. 118.

3 Vgl. Camus, Albert: Ziel eines Lebens, Rowohlt Verlag GmbH, Hamburg 1959, S. 94.

4 Vgl. Hessel, Stéphane: Empört euch!, Ullstein Buchverlage GmbH, Berlin 2011, S. 20.

5 Vgl. Mitscherlich, Alexander und Margarete: Die Unfähigkeit zu trauern, Buchclub Ex Libris, Zürich 1967, S. 147.

6 Goethe, Johann Wolfgang: Faust. Der Tragödie erster Teil, Reclam, Stuttgart 1969, S. 22.

Bildnachweise:

Die von der Autorin gestalteten Bilder basieren auf eigenen Fotos.

Von der Autorin bereits erschienen:

tredition Verlag GmbH 2018
22359 Hamburg, Halenreie 40-44
www.tredition.de

Homepage der Autorin: https://www.atelier-roraz.de
Leseprobe siehe Verlagsseite

ISBN: 978-3-7469-1190-8

tredition Verlag GmbH 2018
22359 Hamburg, Halenreie 40-44
www.tredition.de

Homepage der Autorin: https://www.atelier-roraz.de
Leseprobe siehe Verlagsseite

ISBN: 978-3-7469-3892-9

MIX

Papier | Fördert
gute Waldnutzung

FSC® C083411

Zeitfracht Medien GmbH
Ferdinand-Jühlke-Straße 7
99095 Erfurt, Deutschland
produktsicherheit@kolibri360.de